Hugo L. Soares

REFLEXÕES DE EXÚ

REFLEXÕES |2| A Bíblia Real
DE EXÚ   ESPÍRITA

Copyright © 2020 Editora Rochaverá Ltda. para a presente edição

Todos os direitos reservados para a Editora Rochaverá Ltda. Nenhuma parte desta edição pode ser utilizada ou reproduzida por qualquer método ou processo sem a expressa autorização da editora.

REFLEXÕES |4| A Bíblia Real
DE EXÚ   ESPÍRITA

Título
Reflexões de Exú

Autor
Hugo Leonardo Soares

Revisão
Ileizi Jakobovski / Alexandra Baltazar

Capa
Fábio Galasso / Thiago Calamita

Edição e Diagramação
Fábio Galasso

Internacional Standard Book Number
ISBN: 978-65-00-12637-2 / 64 páginas

INTRODUÇÃO

Este pequeno livro de reflexões de Exú é um livro sem a pretensão de ser utilizado como verdade única e absoluta em relação aquilo que os espíritos de esquerda vêm em terra nos ensinar. Porém é um livro que contém reflexões de alguns dos Exús bastante respeitados e conhecedores das leis de Deus.

Ainda assim, gostaríamos que este pequeno livro pudesse ser útil e trazer conhecimento e luz no caminho daqueles que buscam conhecer os espíritos de esquerda ou ainda tenham dúvidas ou receios de vossas essências, ou que acredite que Exús e Pombogiras atuem em direção ao mau ou para energias danosas. Quero deixar bem explicado que Exú e Pombogira atuam para as leis de Deus e não compactuam com erros e despreparo de encarnados que muitas vezes se utilizam de seus nomes poderosos para disseminarem e praticarem a maldade sem medo que esta recaia sobre eles.

Nesta pequena obra você poderá compreender exatamente o que diz a frase "Exú atua para a Lei", muito dita, mas pouco compreendida.

A lei é Deus e a atuação é em nome da verdade, da honra, da caridade, da lealdade, da certeza e da verdade. Exú não possui dois lados, apenas um, esse se chama Lei.

Então sejamos justos e verdadeiros com nossos irmãos carnais, porque se acaso não estivermos seguindo os caminhos da justiça, ainda que tenhamos Exú em nossos caminhos, ele será o primeiro a aplicar a lei sobre nossas cabeças.

Este livro trás reflexões reais e verdadeiras de Exús ditas através dos médiuns atuantes na Comunidade Espírita de Umbanda Caboclo Ubirajara ao qual o Senhor Sete Encruzilhadas é Mentor e Mestre, direcionando os filhos aos caminhos das leis de Deus pelas ordens de Lúcifer.

Para finalizar desejamos que todo este trabalho seja uma mais-valia obra para todos os que servirem dele, pois o conhecimento teológico e espiritual através dos espíritos de esquerda, também conhecidos como Não Santos (A Bíblia Espírita/A Bíblia Real) é essencial na vida de todos aqueles que buscam crescer e evoluir através dos espíritos.

Os autores:

A Bíblia Real

Reflexões de Exú

Lei da Umbanda

Trabalhe do lado da lei para que a lei não tenha que trabalhar em você.

A lei da Umbanda é muito simples assim como Deus, os espíritos e tudo que jorra dessa fonte. Difícil é sua aplicação.

Vejam que saber o que significa o amor, a paz, a esperança, a simplicidade pode parecer muito fácil. Falar da boca para fora de amor, paz, esperança e simplicidade também pode parecer ser bem tranquilo.

Viver o amor, a paz, trazendo esperança e buscando a simplicidade não é tão simples assim. Vibrar em conjunto com essas essências inclusive pode ser perturbador para alguns encarnados.

Isso porque as energias que nos rodeiam não são energias que vibram sincronicamente com essas. Apesar de serem energias importantes para que a vida se faça ser como a conhecemos, ainda energias distintas em jorramento e em essência.

E nossos esforços em viver uma vida sob tutela do amor, da paz e de todos os bons sentimentos são muito grandes. Por isso somos todos eternamente aprendizes, pois estamos constantemente aprendendo a nos conectarmos as fontes de jorramento das energias celestiais.

E sempre que precisarmos de ajuda, pedir aos nossos queridos Guardiões se faz ser fundamental. São conhecedores dos caminhos que nos conduzem a essas fontes. E se não puderem ir até lá conosco, conhecem quem pode.

Da Bebida ao Cigarro

Da bebida e do cigarro só uso a essência. E pode ter certeza que faço assim para que volte a trilhar pelos bons caminhos. Do seu mundo nada preciso, nada quero, nada me pertence.

E como o encarnado usa o nome de Exú e de Pombogira para cometer seus excessos. E como não tem força suficiente para assumir seus desejos, prefere que outros assumam essa responsabilidade.

Pois assim o nome de Exú é usado, para que o encarnado faça uso de bebida e cigarro de forma desregrada. E não só isso, comete excessos de ordem terrena para mostrar poder, como forma de se auto-afirmar.

E tudo isso porque o encarnado não tem brio suficiente para responder por seus excessos. Mas Exú tem brio. Exú tem força e é honroso. Exú é perfeito no campo que atua e que nosso criador permite que atue.

Por isso, cuidado ao usarem o nome de Exú para se satisfazerem, pois com Exú não se brinca e certamente se determinado a ti for a correção por intermédio desses anjos sagrados, não restará pedra sobre pedra, pois esses não agem por vingança ou por ira, mas por determinação divina.

Cuidado, a mão de Deus não é tão leve assim e Exú como executor de suas leis certamente não teremos a mínima chance.

Ande com eles, e não fingindo ser eles. Simples.

Tenha Fé

Sua fé é o que te liga a seu Criador, enquanto a tiver, estará com ele e conosco. Quando a perder estará sozinho.

E enquanto tudo ocorre do jeito que desejamos em nossas vidas é muito fácil ter fé e acreditar em nosso Criador. Em verdade, quando as coisas fogem do planejado é que mostramos nossa verdadeira crença.

Pois é nessa hora que o desespero, a ira, a raiva toma conta de nossos corações e deixamos de crer no sagrado e passamos a crer no que é conveniente aos olhos de terra, nos afundando em desculpas, falsas bondades, dizeres repletos de justificativas e pensamentos de auto piedade.

Isso porque aos olhos de terra desejamos manter as condições que julgamos serem boas apenas para nós mesmos, nos esquecendo que diante de uma situação existem dois lados, cada um com sua história e sua verdade. Por isso, independente dos fatos e dos atos, ter fé é o único modo de nos mantermos lúcidos frente às adversidades.

Pois ter fé não é acreditar em dias melhores e nada fazer para alcançá-lo, não é crer em mudanças e nada fazer para que isso ocorra. Ter fé é acreditar que podemos ter tudo de bom e trabalhar para alcançar, com paz, amor, equilíbrio, mesmo diante das adversidades.

Por isso, tenham fé, fé em si próprios, fé no que são capazes, fé em conseguir e concluir, fé em dias diferentes desses que hora passam e assim terão equilíbrio e força para suportar. E quando tudo parecer desmoronar a seus pés tenham fé em seu Criador, tenham fé nos espíritos, tenham fé em Exú e em Pombogira, pois quando as suas forças acabarem, serão esses que lhes carregarão nos braços rumo a um novo ciclo de vitórias, conquistas e aprendizado.

Caminhos e Escolhas

Os caminhos de terra são diferentes dos caminhos espirituais. Podem fazer o mesmo traçado, podem não fazer. Essa é sua escolha.

E muitos creem que quanto melhor vida tiver em campo terreno, melhor estará cumprindo com sua jornada espiritual. Isso vale para posses, temperamentos, atitudes...

E o que não entendem é a complexidade e a beleza das escolhas que Deus permite que nós, seus filhos possamos fazer e ainda assim sermos cumpridores de nossa jornada.

Pois em verdade a tarefa não está em acumular posses, mas como passamos por esse processo e o que fazemos para que tal posse se torne parte de nossos sonhos sem afetar aquilo que aqui em campo terreno temos que cumprir.

Entendam que o cumprimento não está em um ato, mas em diversos fatores que nos tornam experimentadores de diversas circunstâncias e ainda assim, após todas as experiências, ainda assim termos crença, termos fé e buscarmos ser bons em verdade.

Pois só assim entenderemos que mesmo depois de tudo, depois que conquistamos, depois que perdemos, depois que lutamos, nos decepcionamos, levantamos, continuamos e ainda assim podemos continuar a caminhar para fazer tudo novamente se essa for nossa vontade.

E como seria isso tudo possível se não existisse o amor? Não o amor que conhecemos, mas o amor divino, que entende, compreende, ampara e aguarda com paciência o nosso tempo de entendimento até a hora que aprendemos o que de fato é amar.

Dificuldades de Terra

São das dificuldades que tiramos os grandes aprendizados. Que sejamos fortes para suportar pois no final sairemos mais sabedores.

Que Exú e Pombogira nos dê visão e entendimento para suportar o peso que a vida nos apresenta.

Pois essa vida nos foi dada para que possamos alcançar entendimento e evolução e como seria nossa vida se não fossem as histórias a serem vividas.

E com elas aprenderemos tudo que aqui viemos aprender. Podemos pensar que estamos passando por momentos de grande dificuldade e no final são apenas momentos que vem e que vão.

Por isso, força para suportar, entendimento para discernir e tranquilidade para solucionar. E só assim viveremos uma vida plena, cheia de aprendizados e entendimento.

Tenha Crença em Mim

Difícil é acreditar que sempre estou ao seu lado. Difícil é entender que rogo a ti tudo que é melhor para seu caminho. Difícil é ter crença. Por isso escolha!!! Queres o que julga fácil ou me queres ao seu lado?

E existem aqueles que se queixam, se lamentam, colocam suas vidas como as piores passagens que podemos imaginar. Esses estão envoltos de problemas, todos os desgraçam, são mal quistos e nada em suas vidas ocorre como planejam.

E se esquecem que antes de serem encarnados são espíritos que labutam em terra de homens em busca de aprendizado e conhecimento.

E nessa busca, não enxergam a plenitude de toda a criação, deixando-se levar por suas crenças errôneas, seus desejos mundanos, sem entendimento que todos somos irmãos do mesmo Pai, e portanto, detentores do mesmo direito e também com as mesmas obrigações.

E se sentem injustiçados, pois tudo fugiu do planejado e assim se auto intitulam de azarados, mau afortunados, esquecidos e todos os predicados que os rebaixam como criaturas divinas.

E agem como infantes, sem entendimento que Deus é perfeito, Exú, um servo divino altamente preparado e obediente no campo em que atua.

Isso, porque falta visão, falta compreensão e entendimento. Pois muitas vezes os caminhos escolhidos não são os melhores caminhos e a correção para o retorno ao caminho correto se faz valer.

E isso dói. Por muitas vezes para que nos seja dado um livramento nos é tirado algo muito desejado. E isso dói. E por não ouvirmos aqueles que nos conduzem tomamos nossas direções e por muitas vezes sofremos e choramos. E essa foi nossa escolha.

E o mundo espiritual é muito grande, os espíritos são muito grandes, Exú é muito grande e Deus é o destino final e não nossas vontades e desejos, pois essas somente servem para que nos tornemos conhecedores de sentidos e sentimentos e assim nos tonarmos bons a ponto de seguir para o nosso destino.

Que possamos ouvir Exú e assim ter caminhos mais suaves...Crença!

Sejam Bons

Ser bom é a chave que abrirá as portas no fim do seu caminho.

E nesses tempos de grandes dificuldades podemos separar o que é bom do que é mal, sem máscaras, sem mentiras, com clareza e transparência.

E nesses tempos podemos compreender que a busca por ser bom está muito além de doar algo a um necessitado ou mesmo dar uma palavra amiga a um aflito.

Mesmo porque muitos sentimentos positivos e negativos podem vir junto com um ato aparentemente e socialmente benevolente.

E não digo que doar é algo ruim. Pelo contrário, desde que feito de coração, de forma que não busquemos reconhecimento, é de extremo valor.

Mesmo porque tudo seria perdido em sentido de ajuda se buscarmos ser reconhecidos por ajudar um necessitado. Mas assim é o encarnado, gosta de se mostrar bom e ser reconhecido pela sua bondade.

E quando buscamos ser bons, teremos ao nosso lado os verdadeiros sentidos da bondade e ao realizar tal feito ficaremos felizes não mais por nós, mas por nosso irmão que encontrou um ponto de apoio em meio ao desfiladeiro.

E assim, Exú, dono dos nossos caminhos, terá a permissão de, com grande alegria, nos permitir ir em direção as portas da nossa verdadeira morada quando for nossa hora.

Feliz por termos aprendido a andar pelos bons caminhos. Feliz por não ter que nos conduzir a elos de ajustamentos e lapidações.

E assim Exú terá sido cumpridor....

Sabedoria

A verdadeira sabedoria está em seus atos, não em suas palavras.

E nos seus atos é que está a sua verdade, pois através das atitudes mostramos para nós mesmos que podemos fazer aquilo que tem que ser feito.

E as palavras... essas se enchem com nossas promessas e muitas vezes acobertadas de nossos medos e nossas angústias, se fazem ser apenas palavras, som que sai por nossa boca e se perde pelo vento.

E nos atos, nos propomos a fazer, e ao fazer nos empenhamos em concretizar nossos sonhos, nossos desejos, nossa missão e tudo que uma ação é capaz de produzir.

Portanto, arregacem vossas mangas e partam para a batalha, façam, executem para que no futuro não se arrependam de não ter feito aquilo que exatamente tinham que fazer.

Proteção

Cuido de ti a todo instante, se tivesse a visão correta sobre o mundo perceberia melhor os meus cuidados.

E que Exú esteja sempre conosco, guiando nossos passos para que possamos caminhar com amor, felicidade e tranquilidade.

Deus da Vida

Se acreditam que a vida pertence a Exú estão muito enganados. A vida pertence ao Criador, pois até Exú foi criado por alguém e esse alguém é Deus.

Deus é o grande poder que rege todas as vidas e Exú é um servo divino que cumpre em nome de Deus.

Confie em Mim

Estou Estou sempre a olhar por ti. Se o caminho é duro um motivo há e fará de você mais forte. Confie, pois essa é a minha palavra.

E graças a Deus temos nossos problemas para nos preocupar e vencer...

Pois já pensou como seria nossas vidas se acaso nada acontecesse, nada teríamos que vencer, nenhum motivo nos motivaria a acordar e iniciar nossa luta diária?

E não teríamos sentido em fazer nada, pois tudo estaria pronto, conquistado e todas as experiências e vivências já estariam sido experimentadas e vivenciadas.

E assim, teríamos um mundo em colapso, pois o próprio sentido de ser e existir desse elo não se faria valer.

Então, por mais difícil que lhes pareçam crer, sejam gratos a cada instante que vos cercam, pois cada instante é um aprendizado, uma conquista ou uma vitória.

E quando acreditarem que não poderão carregar seus fardos, saibam que tem aqueles que são enviados divinos para aliviar o peso sobre vossos ombros. Saibam que ajudarão a carregar seus balaios. Por isso tenham fé, pois vossa crença permitirá que a ajuda chegue e que possam continuar sua caminhada.

Pois o Criador não vos desampara jamais...

Ser Livre

Ser livre não significa fazer o que bem entende, onde, quando e com quem quiser. Ser livre significa fazer o que bem entende e ainda assim andar pelos bons caminhos.

E muito se fala da linha Cigana, onde alguns creem que essa linha atua junto às essências da esquerda, junto com nossos Exús e Pombogiras. Outros falam que são espíritos de linhagem independente, tendo sua própria determinação. Há aqueles ainda que falam que se trata de uma linha branca.

Independente desse tipo de discussão, é de unanimidade a crença que a linha Cigana, é uma linha de espíritos livres e que trazem sua alegria por onde quer que passem.

Por isso nos ensinam muito sobre a liberdade, pois ter a liberdade de fazer e estar, onde sua consciência te guiar, não quer dizer que deva fazer e deva estar em qualquer lugar. A liberdade é um presente onde poucos sabem bem administrar, pois nós, em grande maioria fazemos mais, mau uso dela do que bom uso.

E assim penso, pois não é porque podemos fazer determinada ação é que devemos fazê-la, mas se fizermos, que assim seja, com total entendimento e compreensão do que está sendo feito.

Seria como ter a liberdade de estar em algum local que consideramos perigoso. Não é porque podemos estar lá é que lá estaremos. Mas se assim for preciso, que lá estejamos para fazer o que de fato devemos fazer, com alegria e entusiasmo. E se lá não for preciso da nossa presença, que tenhamos a visão e o entendimento do perigo que estaríamos enfrentando, caso lá estivéssemos sem função.

Por isso, a liberdade usada de forma correta deve nos cercar de alegria, assim como é o povo Cigano. Livre, alegre, cheio de garra e vigor, prontos para tudo que for preciso em nome do Senhor.

Reclamem Menos

Você aí reclamando de sua vida. Saiba que poderia ser muito pior. Agradeça o que tem para que alcance novas vitórias.

Quantos de nós passamos uma vida inteira fazendo queixas e reclamações. E nunca estamos contentes com nada que temos e com nada que conquistamos. E assim levamos uma vida de lamentos e insatisfações.

E deixamos de viver uma vida cheia de alegrias pelo simples fato de escolher observar o mundo pelo pior angulo possível. E nos acostumamos a lamentar de forma que criamos uma dependência da pena e da misericórdia alheia. E esses sentidos nos nutre e nos abastece, de forma que a pena ea misericórdia preenche o vazio criado pelas nossas escolhas em relação aos caminhos de lamentos e insatisfações.

Por isso, a proposta do dia é tentar não lamentar, não reclamar em vão. Vejam que o Sol brilha para todos, mas quem tem coragem de sair em sua direção e sentir a intensidade de seus raios? Normalmente optamos em nos esconder e dar a desculpa que o Sol é muito quente ou outra desculpa qualquer, se omitindo da verdade, que nos falta coragem para encarar sua magnitude e seu brilho.

E assim é nossa vida, onde cada dia podemos escolher o que desejamos encarar, lutando pelos nossos sonhos e ir busca em deles. E existirão dias difíceis, mas não serão todos. E existirão dias felizes, e serão esses dias que deverão nos fortalecer.

Lembrem-se: O Sol nasce todos os dias, é nossa escolha contemplá-lo ou nos esconder do seu brilho. Mas ali ele está, todos os dias, para todos aqueles que desejam fazer parte de seu esplendor.

Caminhos de Exú

Os caminhos de Exú não são tão fáceis de caminhar. Por isso, ao invés de caminhar só, é melhor caminhar com quem conhece.

E no iniciar de mais uma semana, mesmo diante de toda dificuldade, mesmo diante de toda a dureza que a vida nos trás, nunca devemos nos esquecer que nosso Pai nunca nos desampara.

Pois diante da nossa falta de visão, o que num primeiro momento pode parecer um problema, uma dúvida, uma coisa ruim, muitas vezes se trata de algum ocorrido para que não venhamos a passar por um dissabor muito maior.

Pois sempre somos os responsáveis pelas nossas escolhas e por nossos caminhos, mas temos que ter o entendimento que ainda assim somos missionários nessa terra sagrada que nosso Deus nos permite aqui pisar e aqui fazer de nossa morada provisória, campo sagrado de labuta e aprendizado.

E diante do desvio de nosso caminho para com o cumprimento de missão divina, são esses anjos, que também chamamos de Exú, os determinados em corrigir nossa rota para que tudo se faça valer.

E por muitas vezes, as dores que sofremos nesse campo são necessárias para que possamos dar pulos de alegria quando alcançarmos as determinações espirituais.

Porque aqui tudo passa, como o dia que começa com o raiar do sol e termina quando sua luz se põe.

Acerto de Contas

Saiba que o dia do nosso encontro está cada vez mais próximo. E nesse dia iremos ajustar nossas contas.

Que Exú possa nos dar visão e sabedoria para aprendermos a lidar com as adversidades da vida.

E são exatamente as adversidades que nos testam para que de fato possamos saber se aprendemos a lidar com tudo aquilo que aprendemos ser bom e ser ruim.

Pois é nessa hora que aquele que se diz ser bondoso pode exercer sua real bondade, aquele que se diz humilde pode exercer sua humildade, aquele que se diz amigo pode exercer sua amizade.

Porque, como diz um amigo: ...comer 1 kg de açúcar junto com o irmão é fácil, quero ver comer 1kg de sal junto com o seu semelhante...

E assim nos preparamos dia após dia para o dia do encontro, e nessa hora Exú espera que estejamos todos preparados.

Levanta-te, Tenha Coragem

Não é a imagem o importante, mas o que ela representa e onde ela é capaz de te levar.

E são as imagens dos Santos e dos Não Santos que nos ligam ao divino. E não pelo material do qual é feito, ou a pintura ou o tamanho, mas pela fé que aqueles que tem crença nos Santos e também nos Não Santos.

Pois são nas imagens que depositamos toda a crença e assim, o poder de transformação acontece. E tudo porque aquela imagem representa algo e esse algo é o que te conecta ao que é espiritual.

Por isso essas imagens são tratadas como quem as representa, porque são o gatilho de conexão. E nelas depositamos nosso amor, nossa fé, nossas esperanças, como um portal onde tudo por essas imagens deve passar e assim alcançar o divino, na crença de que pode tudo mudar e transformar.

Então, no cultuar das imagens não estamos tratando de reverenciar aquele pouco material de gesso, barro ou madeira, mas sim os próprios Santos e Não Santos (Exús, conforme ensinamento de A Bíblia Espírita), sim, enviados divinos para que a evolução humana se faça valer. Tenha Crença...

Aflições e Caminhos

São nos momentos de aflição que aprendemos a andar pelos bons caminhos.

E como poderíamos aprender as dificuldades, as durezas, as tristezas da vida se não nos tornarmos conhecedores através da passagem pela experiência do sentido das dificuldades, das durezas e das tristezas?

Por isso jamais devemos nos lamentar, pois as experiências, após vencidas e aprendidas se tornam apenas experiências. E como conhecedores teremos força e o entendimento para ser útil ao nosso semelhante.

E não devemos nos preocupar pois após sermos entendedores, essas dificuldades não terão mais razão para existirem em nossas vidas.

É como um diamante, passaremos por mais um pouco da lapidação desse laboratório chamado vida. A isso chamamos de evolução.

Por isso confie, pois tudo passa....

Palavras de Exú e Pombogira

Palavras de Exú e Pombogira não volta atrás, é só pedir com fé.

Por muitas vezes, quando não suportamos o peso dos problemas que carregamos sobre nossos ombros, pedimos ajuda a aqueles que traçam seus caminhos no empenho de nos guiar em nossos caminhos.

E afoitos em resolver nossos problemas, tratamos esses "amigos" como um criado, onde eles e elas tem a obrigação de solucionar para nós aquilo que nos compete solucionar e passar por seus obstáculos para crescermos espiritualmente.

E os cobramos como cobramos um encarnado qualquer, sem ter a visão que são esses os nossos guardiões, senhores e senhoras dos nossos caminhos, e sabem muito bem todas nossas necessidades e tudo que devemos caminhar para que tenhamos condições de fazer por cumprir.

Ainda, esquecemos que estes vão onde não vamos, veem o que não vemos e fazem o que não fazemos. Mas afoitos ainda por uma solução de nossas necessidades, alguns entregam um "cala boca", imaginando que Exú precisa de algo de nosso mundo.

Saibam que palavra de Exú não volta atrás, se assim dizem, assim será. Sabem o que precisamos. Sabem o que é melhor para nós.

Independentemente de nossos desejos e de nossa vontade.

Acredite com fé...

Amor ao Próximo

Se compreendessem o que significa a força de Exú compreenderiam que deveriam amar muito mais seu irmão, entende-lo e apoiá-lo, ao invés de jogarem pedra na sua já difícil caminhada. Cuidado, a pedra que joga hoje será aquela lançada conta você no futuro.

Que Exú conduza vossos caminhos em vossa caminhada nessa semana que se inicia.

E durante nossa luta diária das descobertas de nossos caminhos, sempre somos nós os escolhedores das ações e condutas que iremos aplicar junto as pessoas que estamos ao lado.

E essas ações nem sempre se tratam de ações que visam o auxílio e o amparo ao nosso irmão. Envoltos de nossas verdades, criamos intrigas, brigas, trocas de ofensas, nos afastando da Verdade Celestial, dificultando nosso caminho de encontro com nosso Criador.

E se tivéssemos realmente crença naqueles que nos amparam, muito provavelmente teríamos escolhas totalmente diferentes dessas descritas a pouco.

Isso porque teríamos o entendimento de que as mesmas dificuldades, os mesmos problemas, as mesmas tragédias enfrentadas por nós, nosso irmão também enfrenta. E todo o choro e todo o ranger de dentes poderiam ser mais brandos se juntos e unidos nos juntássemos para suportar o peso de nossa caminhada.

E essa visão traria paz, compressão e entendimento e talvez ao invés de travar batalhas em busca do nada, levantaríamos a bandeira da paz e do amor, como conhecedores das grandes forças do universo.

Compreensão pequenos...

São os novos tempos...

A Lei, Acerto de Contas

Da lei de Exú ninguém escapa. Todos terão que ajustar suas contas.

Que todos possamos terminar nosso dia com tranquilidade, paz, amor.

Que iniciemos nossos dias envoltos nesse sentimento com a certeza que Exú nos acompanha, e não nos desampara nunca.

Somos Aprendizes

Entendam que ainda são aprendizes. Então só podem ofertar aquilo que se tornaram entendedores. Aquilo que não entendem não podem ofertar simplesmente por ainda não entenderem. Então, porque cobrar seu irmão daquilo que ainda não sabe?

A busca pela paz nunca deve cessar, pois quando condenamos nosso irmão apenas julgamos suas atitudes como atitudes contrárias as atitudes que acreditamos ser as mais justas e corretas. Julgamos por achar que nossas atitudes são melhores que as atitudes que esse irmão vem a executar.

E assim não damos chances ao entendimento que cada criatura executa suas atitudes de acordo com sua verdade, mesmo porque cada um tem sua vida, suas escolhas e agem de acordo e em reflexo as suas experiências pessoais.

E os conflitos se fazem ser por incompreensão que cada um trilha um caminho, cada um acredita que sua verdade é superior a do seu semelhante. E assim inicia-se as guerras, os conflitos, a discórdia e o julgamento.

Mas se deixarmos a compreensão tomar conta de nosso peito, entenderíamos que nosso irmão tem seu caminho e eu o meu. Farei do meu caminho minhas escolhas e meu irmão assim também o fará.

E assim nascerá o respeito, a compreensão, a compaixão, a necessidade de estender a mão, pois todos nós estamos no mesmo barco em busca do mesmo destino. E assim a minha verdade se torna a real busca da Verdade Divina, através do amor, da paz, da humildade, do acolhimento.

Que Exú nos ampare nessa difícil caminhada.

A Verdadeira Força

A verdadeira força que carrega não está em seus braços. A sua verdadeira força está em compreender o sagrado. E se essa não fosse a verdade porque viria até mim?

E nossa compreensão sobre o que é verdadeiramente a força, está muito distante da nossa real capacidade de entendimento.

Pois a força de um encarnado não se encontra apenas em sua capacidade muscular de realizar esforços físicos. Também não está em sua capacidade intelectual relacionada aos conhecimentos adquiridos em academias espalhadas pelo globo.

Pois se assim o fosse, não existiriam as dificuldades para enfrentar os problemas, não existiriam problemas de ordem psicológica a ser ajustado, não existiriam ajustes que nosso vigor físico não fosse capaz de resolver.

E o intelecto, o vigor físico, e tudo que de forma incompleta entendemos por força são apenas ferramentas para que possamos caminhar pelos nossos caminhos de realizações, buscas e aprendizados.

Portanto, a verdadeira força jorra de uma fonte bem diferente dessa e essa fonte nos abastece e nos dá o privilégio de estarmos vivos em terra, buscando assim realizar nossos sonhos e sermos cumpridores daquilo que Deus confiou a nós para que sejamos cumpridores.

Essa força nos faz encontrar vigor onde achamos que esse vigor se esgotou, essa força nos faz refletir sobre algo onde todo o conhecimento se findou, essa força nos motiva, nos abastece, nos faz ir além da capacidade que acreditamos ter e ser.

Por isso, a verdadeira força está dentro da verdade que cada um carrega, verdade essa que quando se une a Verdade Divina, todo o sofrimento, toda a angústia, toda a farsa se desfaz. E assim, não há o que não se possa fazer. Não há nada que não se possa cumprir.

Crença...

É só Pedir
É só pedir com fé que Exú Mirim vai te ajudar.

Diante das grandes dificuldades que o mundo vem passando são muitas as aflições que os encarnados tem que atravessar.

E diante das experiências reservadas a cada um, essas dificuldades lapidam nosso caminho para que possamos ser conhecedores e entendedores das passagens que a vida de encarnado reserva a cada criatura.

É nessa hora, hora do desespero, é que entendemos que não somos os senhores do nosso destino e que Deus coloca em nosso caminho espíritos altamente preparado com a missão de nos guiar.

Mas de nada adianta se não pedirmos sua ajuda, pois a nossa vida nos pertence. Por isso a fé em que esses anjos possam vir a nosso socorro se faz necessário, pois se não for dada a nossa permissão para que esses nos ajudem, nada poderão fazer a não ser respeitar nosso direito de passar pelo que temos que passar.

Mas com a fé tudo pode se transformar, tornando nossa caminhada mais branda e tranquila. Talvez não como desejamos que seja, mas com certeza de ser o mais leve possível.

Arrependimento dos Erros

Sente culpa por algo que fez a seu próximo? Se arrependeu? Qual foi sua ação para reparar o que fez?

E quem de nós não carrega sobre o peso de nossos ombros algo que nos culpamos, ora nos arrependemos, mas essa culpa se torna um segredo a ser trancado com sete chaves.

E não seria essa culpa o discernimento, o entendimento de uma ação praticada, cuja nossa escolha seria assumir essa ação e fazê-la ser realizada, entendendo e compreendendo todas as consequências?

E aí vem o fardo, carregado pelas nossas costas, já somado ao peso sobre os ombros, se fazendo pesar de forma que a dificuldade em carregar todo esse peso nos faz remoer e doer algo dentro de nós.

E enquanto pudermos carregar tudo isso conosco levaremos todo o peso do mundo em nossas costas, até o dia em que não mais o suportamos e ai chegará a hora de tirar esse peso em forma de reparação.

E assim, a leveza, a paz e a tranquilidade reinará sobre nós, ficando as consequências e as respostas a serem respondidas e sobre esse ato que tinha o nome de culpa, agora levando o nome de reparação tem um ar mais leve e suportável, pois as sete chaves não mais escondem, não mais trancafiam e podemos dividir esse peso com aqueles que ao nosso lado estarão mesmo em momentos de grande dificuldade.

E assim é, pois mesmo diante de um mundo que julga e cobra, ainda somos todos aprendizes, somos errantes, praticamos coisas e carregamos a culpa por isso. E Deus, dentro de sua infinita sabedoria, envia seus anjos sagrados para nos dar as forças necessárias para que nossa decisão se faça valer, até o momento que nossa escolha permita mudar o direcionamento da escolha anterior.

Por isso, independente de qualquer coisa, do que qualquer um pensa sobre seu irmão, os seus estarão sempre com você e quem não estiver contigo, simplesmente não estará e compete a você e exclusivamente a você carregar em seu balaio com aquilo que escolher para si.

Suas Verdades

Porque faz da sua verdade a verdade absoluta? Sua verdade pertence a você, serve para você, resolve para você. Para os outros é só uma forma de enxergar o mundo.

Gratidão ao Pai eterno por permitir mais um dia de lutas e caminhadas...

E são exatamente nossas verdades que nos movem para que tenhamos forças para a batalha diária. E se não fosse nossos planos, nossos desejos, nossos sonhos, nem sequer levantaríamos de nossas camas para o início de mais um dia. Mas Deus, perfeito em tudo que faz e cria, nos fornece todos os elementos necessários para que possamos aprender e evoluir em nossas caminhadas.

E quão bom seria se conseguíssemos ter a nossa verdade em sincronia com a Verdade do Pai Maior, Verdade que define nossa jornada, que nos traz alegria e contentamento por estar vivo, pois a Verdade nos liberta por nos direcionar pelos caminhos brandos ao nosso Pai.

E devemos nos atentar quando nos envolvemos com falsas verdades e cremos que são verdades absolutas. Não nos damos conta que muitas vezes essas verdades se tornam falsas pelo simples fato de servirem unicamente e exclusivamente a um e esse um, atuando com muitos, faz de sua verdade a verdade de muitos, tirando a oportunidade da descoberta dos caminhos de cada um desses muitos de caminhar com suas verdades.

E assim ao invés de seguir o meu caminho, sigo o caminho que a mim foi ofertado e tenho nesse uma verdade, se tornando falsa por não ser a minha verdade, ou seja é a verdade de outrem, mas não a minha.

E haverá o tempo de correção de rotas, tanto para quem prega quanto para quem é o seguidor, pois ambos têm sua parcela de responsabilidade por não crer em suas verdades e por terem desviado de seus caminhos.

E ainda assim, são os espíritos, entendedores que somos aprendizes, e com toda a paciência, e com todo amor, e com toda benevolência nos leva em direção aos nossos caminhos, as nossas verdades, a Verdade maior, seja por qual direção escolhermos percorrer...

Salve Exú senhor dos nossos caminhos.

Chegar ao Pai Celestial
E como chegar ao pai senão por mim?

E essa frase, que apesar de soar tão familiar e muitas vezes nos faz parar para refletir, pode, a princípio, nos parecer que não se aplica a religião de Umbanda.

Mas devemos entender que tanto os Orixás, quanto qualquer Santo e inclusive nossos amados Exús e Pombogiras foram criados por um e apenas um, e esse é Deus.

Independente do nome que venhamos a chamar Deus, ele é único, onipotente, onipresente e rege as nossas vidas de forma precisa e perfeita. E para essa regência escolhe os seus mais gabaritados e qualificados filhos, que aqui em terra chamamos por muitos nomes, onde em nossa doutrina, levam o nome de Orixás, Caboclos, Pretos Velhos, Exús...

E assim auxiliam a nós, filhos em caminhada de aprendizado, a caminhar em direção ao Pai, ou seja, aprendendo através dos caminhos escolhidos por cada um de nós, a chegar mais perto de nosso Criador.

E com a paciência e a calma do mestre, são esses enviados que fazem de seus caminhos os nossos caminhos para chegar até nosso Pai.

E se nossa escolha for avessa aos caminhos mais límpidos, pelos caminhos mais duros seremos conduzidos até Deus. E quem nos conduzem até lá? Esses mesmos enviados de Deus.

Por isso essa frase nos soa tão familiar, porque é verdade, faz parte da Verdade e está dentro de nós.

A Fé de Cada Dia

O maior poder está em sua fé. Com fé podemos transformar e modificar o mundo.

Que Exú traga os caminhos de compreensão e entendimento a todos que procuram pela compreensão e pelo entendimento e que também merecedores forem.

Axé.

Conhecedores da Verdade

Vocês acham mesmo que sabem de tudo? Porque acreditam que sua razão está acima de qualquer um? Reveja seus atos para que não seja eu o seu revisor.

E aqueles que se acham sabedores de todas as coisas, aquele que acha que sabe mais que todos e usa essa sabedoria para se impor, humilhando e maltratando aquele que só deseja aprender, cuidado.

Pois a sabedoria é missão!!! Ensinar e orientar é a forma como cada missionário transmite a sabedoria. E achamos que a sabedoria é nossa. Grande engano.

E a arrogância e a prepotência tomou conta dos ensinamentos, pois ainda o "sábio" achou que sabia tudo e não mais precisava aprender nada.

Digo assim pois o bom pupilo não se aplica puramente em aprender, mas em como aprender. Esse sabe que a sabedoria não lhe pertence e que essa deve ser bem usada.

A sabedoria traz compreensão, traz entendimento, traz paz, traz harmonia e tranquilidade. E não trará arrogância, soberba, sobreposição ou status.

Por isso, saber é uma dádiva. Aprenda com os mestres as lições, mas com humildade, com tranquilidade, para que quando se tornar mestre, possa ensinar com humildade e tranquilidade e assim será um bom mestre, sábio e cumpridor de sua missão.

Bens Materiais

Você que vem a mim pedir amores, dinheiro ou o quer que seja. Te pergunto: É o que realmente deseja? Sabe ao certo o que está querendo?

E nossa eterna gratidão as queridas Pombogiras, que dentro de sua determinação espiritual, atuam através de um arquétipo feminino, para que possam ser identificadas por nós encarnados, e assim, espiritualmente, cumprirem com suas determinações.

Mas se não fossem essas senhoras, o que seria de nós encarnados? Senhoras essas que nos guiam e corrigem nossos passos, nos levando a andar por caminhos mais serenos, se assim desejarmos.

E com toda a paciência esperam e aguardam nosso caminho evolutivo, nos amparando e nos auxiliando em nossos desejos, lapidando a cada um de seus tutelados, como um diamante bruto, em jornada de aprendizado e conhecimento de si próprio.

E se não fosse essas senhoras...

Gratidão.

A Morte

Você sabe o que é estar morto mesmo que ande por essa terra abençoada por Deus?

E o que seria estar morto mesmo ao estar andando por essa terra e pelo solo fértil?

Se formos analisar a vida e acreditar que ela exista apenas pelo fato de que o pulso está batendo, o cérebro está propagando os impulsos e os corações estejam bombeando sangue, então estaríamos corretos ao achar que estamos vivos.

Mas se formos pensar que estar vivo é muito mais do que nossos sinais vitais estarem em perfeito sincronismo essa seria uma questão discutível. Pois o acamado ou o doente em estágio avançado podem ter seus sinais vitais em condições de normalidade, mas não pode gozar de ver o brilho do sol, sentir a chuva cair, se alegrar, sonhar.

Pois estar vivo é poder se alegrar com as vitórias e se entristecer com as derrotas, é poder fazer amigos, é poder perdoar aquele que você julga que fez o mal ou também condená-lo pelo mal que produziu a você ou a outrem.

E isso sim se chama vida, pois cada ser reage de uma forma sobre tudo que o envolve e terá sempre uma escolha sobre sua reação a determinado fato.

Mas quando nos amarramos ao que não é tão importante, pois passamos nosso tempo vivendo uma vida de falsidades, de mentiras, de buscas pelo fútil e pelo desnecessário deixamos toda a beleza que a vida nos proporciona de lado, que seria vivê-la de forma própria e intensa.

E assim morremos para a vida…e morrer para a vida é viver nas sombras…

Sobre Flores e Espinhos

E como uma rosa, façam da sua vida a mais bela flor. Não importa os espinhos, não importa que pétalas caiam, importa que há vida e enquanto assim for a luta não acaba.

E a Luta Continua...

E quem foi que disse que não devemos sonhar. Quem foi que disse que não devemos desejar, almejar e querer.

Andamos por uma terra onde Deus, nosso pai, a criou. Então aqui nessa terra, enquanto aqui estivermos, tudo que desejamos pode ser possível de conquistar.

E a forma e o modo dessa conquista, o que nos move para realizar tal feito, é o que diferencia cada ser em seus caminhos de luta, conquistas e vitórias.

Então, que nossos caminhos sejam abençoados e que possamos estar preparados para conquistar tudo o que os nossos sonhos determinam ser possível.

E que tenhamos visão e entendimento para trilhar os bons caminhos nessas conquistas, para não precisar pagar um preço que talvez não desejemos pagar por trilhar pelos caminhos mais duros.

Tempos Difíceis

E nesses tempos de desequilíbrios e desajustes sejam bons. Preguem o amor e a paz. E assim conseguirão atravessar e tornar-se-ão vencedores de suas caminhadas.

E nesses tempos onde Deus nos mostra sua força e seu esplendor; e não porque precisa, mas porque é onipotente e onipresente; seus enviados afirmam e nos orientam a todo instante para sermos bons.

Pois é chegado os tempos em que o desajuste e o desequilíbrio deva ser corrigido e a bondade, o amor e a paz deva prevalecer.

E somos chamados para juntar forças, pregando o amor, a paz e a bondade, com toda a intensidade e verdade que possuímos, pois o amor, a paz e a bondade está em nós e esse é o desejo de nosso Criador.

Mas se optarmos pelos sentimentos avessos a esses, nossa escolha será respeitada. E os caminhos que iremos trilhar terão o mesmo peso e medida de nossa escolha. E depois só nos resta andar pelo caminho escolhido, mesmo com choros e ranger de dentes.

Por isso Exú é insistente, pois conhece muito bem esses caminhos, pois dele é zelador. E se esforça dia e noite para que não caminhemos por essa direção, pois como nosso guardião sabe o que nos espera caso seja essa nossa escolha. E sabe da dificuldade que enfrentaremos e sabe que ali terá que aplicar sua lei.

Portanto, lembrem-se: SEJAM BONS.

Seus Esforços

Tudo aquilo que desejam a seu semelhante é exatamente aquilo que merecem receber. Se desejam o mal, com o mal aprenderão a desejarem o bem.

Deus lhe deu uma vida para que cuide dela. Então cuide bem, pois senão haverá quem cuide. Lembre-se que casa vazia habita qualquer.

E nos preocupamos em achar o que é correto ou incorreto com relação à vida do próximo. E nos esforçamos em menosprezar e criticar atitudes que julgamos ser erradas em nosso semelhante. E assim fazemos apontado todos os defeitos e todos os erros que achamos ser defeitos e erros.

E por isso deixamos de lado a maior benção que Deus nos concedeu: Nossa Vida

Isso porque ao invés de usarmos nosso tempo em aplicar nossos esforços em aprender com nossas ações, separando o que vale e o que não vale a pena em nossas próprias vidas, vivemos em analisar a vida de nosso irmão, e na grande maioria das vezes o condenando e o culpando por acharmos que nossa opinião é mais válida que a escolha desse irmão.

E assim conduzimos nossa vida, com medo de modificar nossos próprios erros temendo o julgamento alheio de forma similar ao que fazemos ao nosso próximo. Então é mais fácil crucificar nosso irmão a nos colocar em posição de crucificado.

Por isso, que habitemos nossas vidas, tomando as rédeas de nossa existência, e usemos esse tempo precioso que Deus nos deu para aprendermos a ser bons, aprendermos a ser caridosos e ao invés de apontar, ajudar a aquele que tem dificuldades em sua caminhada.

Que Exú lhes dê visão, compreensão e nos ajude a ser menos intolerante com o próximo e menos errante com nós mesmos.

Construam Seus Caminhos

Com amor e bondade construirão um mundo melhor. E estarei ao seu lado para isso.

Que Exú traga força para que consiga conduzir os seus dias.

E que através do amor e da bondade se faça em escrever os seus caminhos, para que os sentidos mais duros não tomem conta de vossos corações.

Não se percam no caminho, mas mesmo se assim o fizerem estarei aqui para lhe reconduzir a sua verdadeira direção.

Suas Escolhas

Suas escolhas fazem de você aquele que decide por onde quer andar. A mim cabe apenas lhe orientar. Mas, se ordenado for a corrigir seus passos, assim o farei.

Que saiba por onde andar... escutar... acreditar... confiar...

Sentirá de verdade se sua escolha lhe levará aos bons caminhos ou não. Quando não, confie, pode ser um "amigo" lhe ajudando e guiando seus passos.

Mas se sua escolha te mantiver nesse caminho poderá ter certeza que será respeitado e terá que pagar o preço pela sua escolha.

Como diz um amigo: " O plantio é opcional mas a colheita é obrigatória..."

Tudo e em tudo o que fizerem, sejais diante de Deus e seus "governantes espirituais", e que seja repleto de fé.

Então ao invés de guardarem ansiedades, angústias e ódios, projetem-as tirando-as da mente, da alma e das suas emoções.

Nunca durma sobre elas; não caminhem com dores espirituais nos caminhos de suas existências.

"Não façam de suas dores e revoltas as sandálias amarradas em seus pés, é preferível caminhar descalço do que derramar energias que se manifestam em seu favor contra si mesmo".

Laroyê

A BÍBLIA REAL
ESPÍRITA

CONHEÇA A BÍBLIA REAL, A PRIMEIRA BÍBLIA ESPÍRITA DO MUNDO

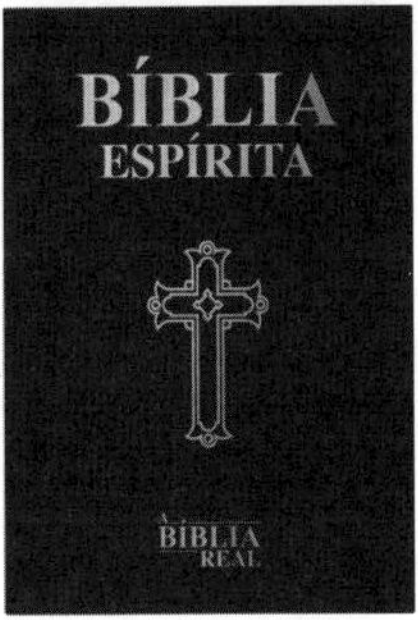

Comunidade Espírita de Umbanda Coboclo Ubirajara

Rua Doutor Almeida Nobre, 96
Vila Celeste - São Paulo - SP
CEP: 02543-150

- www.abibliaespirita.com.br
- @abiblia.espirita
- A Bíblia Espírita
- A Bíblia Real / Bíblia Espírita
- facebook.com/cabocloubirajaraoficial/
- faceboook.com/exuecaminho
- faceboook.com/babalaopaipaulo
- faceboook.com/claudiasoutoescritora
- contato@editorarochavera.com.br

Editora Rochaverá

Rua Manoel Dias do Campo, 224 – Vila Santa Maria – São Paulo – SP - CEP: 02564-010
Tel.: (11) 3951-0458
WhatsApp: (11) 98065-2263

EDITORA ROCHAVERÁ